O.W. BARTH

EINFACH ZUFRIEDEN

THICH NHAT HANH

Aus dem Englischen
von Ursula Richard

16 Illustrationen

O.W. BARTH

Die amerikanische Originalausgabe erschien 2019 unter dem Titel
»How to see« bei Parallax Press, Berkeley, California.

Besuchen Sie uns im Internet:
www.ow-barth.de

MIX
Papier | Fördert gute Waldnutzung
FSC® C014496

Deutsche Erstausgabe März 2020

Ein Imprint der Verlagsgruppe
Droemer Knaur GmbH & Co. KG
Maria-Luiko-Straße 54, 80636 München

Redaktion: Martina Darga
Covergestaltung: ZERO Werbeagentur, München
Coverabbildung und Illustrationen innen: Jason DeAntonis
Satz: Adobe InDesign im Verlag
Druck und Bindung: GGP Media GmbH, Pößneck
ISBN 978-3-426-29306-5

Kontaktadresse nach EU-Produktsicherheitsverordnung:
produktsicherheit@droemer-knaur.de

4 6 7 5 3

INHALT

EINFACH ZUFRIEDEN

Eine Dichterin oder ein Dichter wird ganz deutlich sehen, dass in diesem Blatt Papier eine Wolke schwebt. Ohne die Wolke kann es keinen Regen geben; ohne Wasser können die Bäume nicht wachsen; und ohne Bäume kann man kein Papier herstellen. Also ist die Wolke in diesem Blatt Papier. Die Existenz dieser Seite ist abhängig von der Existenz einer Wolke. Papier und Wolke sind einander ganz nah.

DAS WASSER SPIEGELT ALLES

Das klare, stille Wasser eines Bergsees spiegelt den Berg und den Himmel mit makelloser Klarheit wider. Wir können das Gleiche tun. Wenn wir ruhig und still genug sind, können wir den Berg, den blauen Himmel und den Mond genauso widerspiegeln, wie sie sind. Wir spiegeln alles, was wir sehen, so, wie es ist. Wir wollen nichts anders haben. Wir sind zufrieden.

DER FLUSS DER WAHRNEHMUNGEN

In uns allen gibt es einen steten Fluss von Wahrnehmungen. Wahrnehmungen entstehen, bleiben für eine gewisse Zeit und vergehen dann wieder. Wenn unser Geist nicht ruhig ist, sehen wir nicht klar. Unsere Wahrnehmungen sind oft falsch, und das führt dazu, dass wir leiden und dass auch andere leiden. Es ist sehr hilfreich, sich eingehend mit der Natur der eigenen Wahrnehmungen zu befassen und nie zu sicher zu sein. Denn sind wir das, leiden wir. Fragen wir uns stets: »Bin ich mir dessen wirklich sicher?«, haben wir die Möglichkeit, noch einmal zu schauen, ob unsere Sichtweise richtig ist.

ZEICHEN ODER WIRKLICHKEIT?

Wir sind meist davon überzeugt, dass unsere Wahrnehmungen richtig und vollständig sind, aber oft sind sie es nicht. Im Chinesischen bedeutet das Schriftzeichen für Wahrnehmung im oberen Teil »Zeichen« oder »Erscheinung« und im unteren Teil »Geist«. Wenn wir etwas wahrnehmen, entsteht in unserem Geist ein Bild – ein Zeichen –, und in vielen Fällen führt uns dieses Zeichen in die Irre. Es ist sehr leicht, unser mentales Bild von etwas mit dessen Wirklichkeit zu verwechseln. Deshalb ist es wichtig, dass wir uns unserer Wahrnehmungen nie zu sicher sind.

DIE SCHLANGE

Stellen Sie sich vor, Sie sind in der Dämmerung unterwegs und sehen eine Schlange. Sie schreien und rennen ins Haus, um ihre Freunde zu holen, und alle eilen mit einer Taschenlampe nach draußen. Sobald Sie Ihr Licht auf die Schlange richten, entdecken Sie, dass da überhaupt keine Schlange ist, sondern nur ein Stück Seil. Das Seil mit einer Schlange zu verwechseln ist eine falsche Wahrnehmung. Achtsamkeit hilft uns, uns nicht in unseren falschen Wahrnehmungen zu verfangen.

IM GEGENWÄRTIGEN AUGENBLICK

Mit jedem Atemzug können wir unseren Körper und Geist zurück in den gegenwärtigen Augenblick bringen. Wir müssen nichts mehr hinterherlaufen. Die Erde ist hier; der gegenwärtige Augenblick stellt uns vollkommen zufrieden. Nichts fehlt.

ZUFRIEDEN SEIN MIT DEM, WAS IST

Der Buddha sprach von *samtusta,* was bedeutet, dass wir mit unseren Lebensbedingungen, so, wie sie sind, zufrieden sind. Wir haben bereits genügend Bedingungen, um glücklich zu sein. Wenn wir achtsam sind, brauchen wir auch nicht mehr. Dann fühlen wir uns sicher und wissen, dass wir bereits jede Menge Bedingungen zum Glücklichsein haben und dass wir nicht in der Zukunft noch ein paar mehr Bedingungen finden müssen.

GLÜCK ODER UNGLÜCK?

Eines Tages kam ein Bauer zu seinem Feld und stellte fest, dass sein Pferd weggelaufen war. Die Leute im Dorf sagten: »Oh, was für ein Unglück!« Am nächsten Tag kehrte das Pferd mit zwei anderen Pferden zurück, und die Dorfbewohner meinten: »Was für ein Glück!« Dann wurde der Sohn des Bauern von einem der Pferde abgeworfen und brach sich ein Bein. Die Dorfbewohner drückten ihr Mitgefühl aus: »Wie misslich.« Bald darauf brach ein Krieg aus, und die jungen Männer des Dorfes wurden eingezogen. Wegen seines gebrochenen Beines wurde der Sohn des Bauern als Einziger nicht eingezogen, und die Dorfbewohner kommentierten, was für »ein Glück« das sei.

Wie diese alte Geschichte zeigt, ist es nicht möglich, ein Ereignis einfach als glücklich oder unglücklich, gut oder schlecht zu bewerten. Wir müssten durch Zeit und Raum reisen, um die wahren Auswirkungen eines jeden Ereignisses zu kennen. Jeder Erfolg birgt einige Schwierigkeiten, und jeder Misserfolg trägt zu mehr Weisheit oder zukünftigem Erfolg bei. Jedes Ereignis ist beides: Glück und Unglück. Glücklich und unglücklich, gut und schlecht sind nur Konzepte unserer Wahrnehmung.

DIE WOLKE IM TEE

Stellen Sie sich eine Wolke vor, die sich in Regen verwandelt. Der Regen wird viele Bäume und Pflanzen nähren. Wir sollten in der Lage sein, die Wolke in ihren neuen Formen als Bäume und Pflanzen zu erkennen. Wenn wir tief in den Regen, das Eis oder den Schnee schauen, können wir die Wolke erkennen.

Wenn Sie Ihren Tee tief betrachten, können Sie die Wolke erkennen. Wenn Sie Ihren Tee achtsam trinken, wissen Sie, dass Sie eine Wolke trinken – wie wunderbar! Wenn Kinder ein Eis essen, essen sie auch eine Wolke. Auf diese Weise üben wir uns darin, die Wirklichkeit mit den Augen der Formlosigkeit, der Zeichenlosigkeit zu betrachten. Wir gehen über die Erscheinung, das Zeichen, hinaus und berühren so die letztendliche Wirklichkeit. Ohne die Augen der Zeichenlosigkeit können wir die Wolke in unserem Tee, unserer Eiscreme oder im Gemüse nicht erkennen. Wir alle sollten uns darin üben, mit den Augen der Zeichenlosigkeit zu schauen.

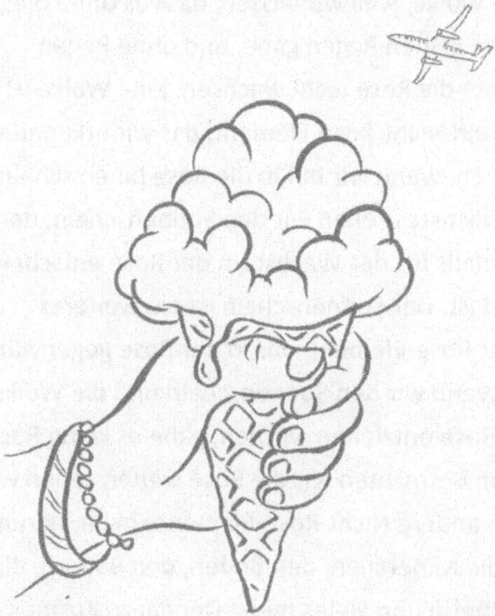

EINE ROSE TIEF BETRACHTEN

Nehmen wir an, wir betrachten eingehend eine Rose. Was sehen wir in der Rose? Wir sehen eine Wolke, weil wir wissen, dass es ohne die Wolke keinen Regen gäbe, und ohne Regen könnte die Rose nicht wachsen. Eine Wolke ist also ein Nicht-Rose-Element, das wir erkennen können, wenn wir tief in die Rose hineinschauen. Als Nächstes sehen wir den Sonnenschein, der ebenfalls für das Wachstum der Rose entscheidend ist. Der Sonnenschein ist ein weiteres Nicht-Rose-Element, das in der Rose gegenwärtig ist. Wenn wir den Sonnenschein und die Wolke der Rose entziehen würden, gäbe es keine Rose mehr. Betrachten wir die Rose weiter, sehen wir viele andere Nicht-Rose-Elemente in ihr, darunter die Mineralien, den Boden, den Bauern, die Gärtnerin und vieles mehr. Der ganze Kosmos ist zusammengekommen, um das Wunder zu erschaffen, das wir Rose nennen. Eine Rose steht mit dem ganzen Kosmos in wechselseitiger Abhängigkeit. Das nennen wir Intersein.

Es gibt ein Zen-Sprichwort: »Bevor ich anfing tief zu schauen, waren die Berge Berge und die Flüsse Flüsse. Als ich begann, tief zu schauen, waren die Berge keine Berge mehr und die Flüsse keine Flüsse mehr. Seitdem ich mich nun geraume Zeit darin übe, tief zu schauen, sind die Berge wieder Berge und die Flüsse wieder Flüsse.« Wenn wir die zeichenlose Natur der Phänomene sehen, sehen wir die Dinge so, wie sie sind.

ÜBER DIE ZEICHEN HINAUSGEHEN

Alles entsteht in unserem Geist, aus unserer Sichtweise. Im Diamant-Sutra heißt es: »An einem Ort, an dem etwas durch Zeichen unterschieden werden kann, gibt es Täuschung.« Mit anderen Worten: Wo es Wahrnehmung gibt, gibt es Täuschung. Unsere Übung besteht darin, über die Zeichen hinauszugelangen. Solange wir nicht tief in die Wirklichkeit hineinschauen und ihre wahre Natur, ihre Vergänglichkeit und wechselseitige Verbundenheit, entdecken, werden wir uns weiterhin von Zeichen täuschen lassen. Können wir darüber hinausgehen, sind wir in Kontakt mit der letztendlichen Wirklichkeit. Dann werden unsere Wahrnehmungen zu Einsichten.

DAS DING AN SICH

Wenn wir an einen Tisch denken, sehen wir vor unserem geistigen Auge ein Bild von diesem Tisch. Doch müssen wir uns daran erinnern, dass unsere Vorstellung nicht das Ding selbst ist. Der Tisch in unserem Kopf ist nur eine Wahrnehmung, die sich in der Tat sehr stark von dem tatsächlichen Tisch unterscheiden kann. Für eine Ameise ist der Tisch vielleicht ein Fest, für einen Physiker eine Masse sich rasend schnell bewegender Teilchen. Je mehr wir das tiefe Schauen üben, desto genauer können unsere Wahrnehmungen sein. Aber es sind doch immer noch Wahrnehmungen.

ALLES IST MÖGLICH

Nagarjuna, ein buddhistischer Lehrer aus dem zweiten Jahrhundert unserer Zeitrechnung, sagte: »Dank der Leerheit ist alles möglich.« Leerheit ist ein anderer Begriff für Nicht-Selbst; wenn wir sagen, dass die Dinge leer sind, bedeutet das, dass sie ohne ein eigenständiges Selbst sind. Wenn wir tief in unsere Ängste schauen, können wir unseren Wunsch nach Beständigkeit und unsere Angst vor Veränderungen sehen. Vergänglichkeit, Unbeständigkeit und Nicht-Selbst sind jedoch nichts Negatives. Unbeständigkeit bedeutet Transformation in jedem Moment. Deshalb können wir sagen: »Dank der Unbeständigkeit ist alles möglich.«

DAS BOOT

Ein Mann ruderte sein Boot flussaufwärts, als er plötzlich ein anderes Boot auf sich zukommen sah. Er schrie: »Vorsicht!«, doch das Boot fuhr direkt auf ihn zu und brachte sein Boot fast zum Kentern. Der Mann wurde wütend und begann zu schreien, als er jedoch genau hinsah, sah er, dass da niemand in dem anderen Boot saß. Das Boot war von selbst flussabwärts getrieben. Wenn unsere Wahrnehmungen falsch sind, können sie uns viel unnötige Aufregung bereiten. Schauen wir uns die Dinge genau und eingehend an, um ihre wahre Natur zu verstehen, müssen wir nicht leiden und leben zufrieden.

ERFÜLLUNG IN JEDEM AUGENBLICK

Wir sollten so praktizieren, dass jeder Augenblick erfüllend ist. Jeder Atemzug, jeder Schritt, jede Handlung sollte von einem Gefühl der Zufriedenheit begleitet sein. Das ist wahre Erfüllung. Wenn wir bewusst einatmen und ausatmen, ist Erfüllung da. Machen wir einen achtsamen Schritt, ist das erfüllend. Handeln wir mit Bewusstheit, stellt sich ein Erfülltsein ein, welches daher rührt, dass wir tief im gegenwärtigen Moment leben.

WECHSELSEITIGE VERBUNDENHEIT

Als ich einmal in der Nähe eines Baumes Qigong-Übungen machte, kam mir in den Sinn, dass der Baum mir viel zu geben hatte und ich ihm. Der Baum schenkt mir Schönheit, Schatten und Sauerstoff. Ich schenke dem Baum meinen Atem, meine Anerkennung und meine Freude. Der Baum und ich sind wechselseitig miteinander verbunden. Wir können einen Menschen auf die gleiche Weise betrachten, ohne in Übertreibungen zu verfallen über das, was da ist, oder uns in Vorstellungen zu ergehen, was nicht da ist. Manchmal erwarten wir zu viel und idealisieren, was wir sehen. Wenn wir die Wirklichkeit so nehmen können, wie sie ist, leiden wir weniger und leben zufriedener.

ZEICHEN UND WIRKLICHKEIT VERWECHSELN

Es ist sehr leicht, unser mentales Bild von etwas mit der Wirklichkeit zu verwechseln. Dieser Prozess ist sehr subtil, und es ist mitunter schwierig mitzubekommen, dass er abläuft. Durch die Praxis der Achtsamkeit können wir diese Verwirrung vermeiden.

ICH BIN AUS DEM ZENTRUM

Bei einer Friedenskundgebung in Philadelphia 1966 fragte mich ein Reporter: »Sind Sie aus Nord- oder Südvietnam?« Wenn ich gesagt hätte, dass ich aus dem Norden komme, hätte er mich als prokommunistisch angesehen, und wenn ich geäußert hätte, dass ich aus dem Süden komme, hätte er mich für proamerikanisch gehalten. Also sagte ich ihm: »Ich bin aus dem Zentrum.« Ich wollte ihm helfen, seine Vorstellungen, seine Wahrnehmungen loszulassen und der Wirklichkeit zu begegnen, die sich direkt vor ihm befand. Das ist die Sprache des Zen.

DEN FRIEDEN BERÜHREN

Die Praxis der Achtsamkeit beim Atmen, Sitzen und Gehen trainiert uns darin, eine Energie zu erzeugen, die uns helfen kann, stabil und ruhig zu sein. Wenn wir den Frieden in uns selbst berühren, wird alles real. Wir werden ganz wir selbst, ganz lebendig im gegenwärtigen Moment, und der Baum, die Blume, unser Kind, unsere Lieben und alles andere offenbaren sich uns in wahrer Schönheit.

JENSEITS VON ANSICHTEN

Auf einer relativen Ebene gibt es richtige und falsche Ansichten. Sehen wir jedoch genauer hin, erkennen wir, dass alle Ansichten falsche Ansichten sind. Jede Ansicht erfolgt von einem Punkt aus, deshalb wird sie auch als Standpunkt bezeichnet. Nehmen wir eine andere Perspektive ein, sehen wir die Dinge anders. Wir müssen die Grenzen unseres Verstehens immer weiter ausdehnen, sonst werden wir Gefangene unserer Ansichten. Rechte Sichtweise bedeutet, alle Arten von Ansichten aufzugeben, einschließlich der Vorstellung von Vergänglichkeit, Nicht-Selbst und Intersein.

ACHTSAMKEIT UND KONZENTRATION

Achtsamkeit ist die Fähigkeit, gewahr zu sein, was in uns und um uns herum geschieht. Sie hilft uns, im Hier und Jetzt vollständig präsent zu sein; das ist die Grundlage für Zufriedenheit und Glück. Mit Achtsamkeit können wir den gegenwärtigen Moment genießen, den einzigen Moment des Lebens, der uns zur Verfügung steht. Durch Achtsamkeit nimmt unsere Konzentration zu, was uns erlaubt, Dinge tiefer und klarer zu sehen. Dadurch schaffen wir weniger Leid für uns selbst und andere. Wir erleben mehr Freude und wissen, wie wir anderen helfen können, ihren Alltag zu genießen. Wenn wir selbst Achtsamkeit praktizieren und glücklicher werden, werden wir zu einer Inspiration für andere.

INNEHALTEN UND TIEFES SCHAUEN

Meditation ist nicht dazu da, Probleme zu vermeiden oder vor Schwierigkeiten davonzulaufen. Wir praktizieren, um stark genug zu sein, unsere Probleme effektiv anzugehen. Deshalb sollten wir uns in der Kunst des Innehaltens üben. Wenn wir lernen innezuhalten, werden wir ruhiger, und unser Geist wird klarer. Es ist gut, wenn wir sitzen und unserer Atmung folgen, und sei es auch nur für ein paar Minuten. Innehalten bringt Körper und Geist zusammen, zurück ins Hier und Jetzt. Wenn wir in unserem Tun innehalten, beruhigen wir unser unruhiges Denken. So werden wir auf ganz natürliche Weise gefestigter und konzentrierter und können alles klarer sehen.

APFELSAFT-MEDITATION

Eines Tages spielten vier Kinder draußen vor meiner Einsiedelei in Frankreich. Thanh Thuy, ein vierjähriges Mädchen, um das ich mich kümmerte, war eine von ihnen. Die Kinder waren durstig, also bot ich ihnen ein Glas selbst gemachten Apfelsaft mit etwas Fruchtfleisch darin an. Thanh Thuy mochte den Anblick des trüben Saftes nicht und weigerte sich, ihn zu trinken. Sie rannte zum Spielen weg, kam jedoch nach einer Weile zurück und bat um Wasser. Ich zeigte ihr den Apfelsaft und hielt sie an, ihn zu trinken. Sie sah, dass sich das Fruchtfleisch gesetzt hatte und der Saft nun klar und köstlich aussah. »Ist dies dasselbe Glas oder ein anderes?«, fragte sie. »Hat es meditiert wie du?«

Ich lachte: »Sagen wir, wenn ich sitze, mache ich es wie der Apfelsaft; das ist näher an der

Wahrheit.« Wenn wir wissen, wie wir stabil sitzen und dem Ein- und Ausatmen folgen, dann werden wir nach einiger Zeit friedlich und klar, einfach zufrieden. Wenn wir unseren Geist auf unsere Atmung konzentrieren, kann sich unser Geist beruhigen. Unser gewohntes Denken und unsere Sorgen erlöschen, und wir können Menschen und Situationen klarer verstehen. Wenn wir still sind, werden sich neue Einsichten zeigen.

AUS DEM TRAUM ERWACHEN

Es ist leicht zu erkennen, dass ein Traum nicht real ist. Doch wenn wir wach sind, ist es nicht so einfach zu sehen, was real ist. Was wir für die äußere Wirklichkeit halten, mag vielleicht nur eine Konstruktion unseres Geistes sein. Wir denken, wir sind wach, aber in Wirklichkeit träumen wir weiter. Meistens schlafwandeln wir. Obwohl wir zum Beispiel vom Kopf her wissen, dass die Dinge vergänglich und veränderlich sind, leben wir so, als wäre unser Körper von Dauer; wir glauben, dass wir nie sterben werden. Auch wenn wir verstehen, dass ein eigenständiges, abgetrenntes »Selbst« eine falsche Vorstellung ist, basiert der größte Teil unseres Denkens darauf, dass Dinge ein Selbst haben, was uns ein gewisses Maß an Sicherheit verspricht. Dies beruht jedoch auf einer falschen Wahrnehmung. Viele

Philosophen, Wissenschaftlerinnen und spirituelle Lehrende suchen nach einer absoluten Wahrheit, weil sie ihren eigenen Wahrnehmungen nicht vertrauen. Sie haben den Eindruck, dass sie, obwohl sie wach sind, in einem Traum leben. Wir alle haben die Fähigkeit, aus unseren Träumen zu erwachen, weil wir alle den Samen der Achtsamkeit in uns haben.

WIR NEHMEN UNS DIE ZEIT

Meditieren bedeutet nicht, vor dem Leben davonzulaufen, sondern sich die Zeit zu nehmen, tief in sich selbst oder in eine Situation zu schauen, um zu sehen, was wirklich geschieht. Meditation ist eine Gelegenheit, sich um den eigenen Körper und Geist zu kümmern; das ist sehr wichtig. Wir nehmen uns die Zeit, unser Denken zu beruhigen, zu sitzen, zu gehen, zu atmen – nichts zu tun und nur zu uns selbst und dem, was um uns herum geschieht, zurückzukehren. Wir lassen uns Zeit, die Spannungen in unserem Körper und unserem Geist aufzulösen. Wenn wir friedlich und ruhig sind, können wir die Schönheit dieses Augenblicks wahrnehmen.

DIE UNBESTÄNDIGKEIT BERÜHREN

Vielleicht glauben wir, es sei leicht zu erkennen, dass eine Blume vergänglich ist, dass ihre Schönheit bald verblassen wird und ihre Blüten welken und sterben. Vom Kopf her akzeptieren wir die Unbeständigkeit der Blume. Mit unserem Verstand berühren wir jedoch die Vergänglichkeit nicht wirklich. Um über unsere bloße Vorstellung von Vergänglichkeit und Unbeständigkeit hinauszugehen, müssen wir deren Natur tief berühren. Achtsamkeit und Konzentration sind die Kräfte, die es uns ermöglichen, tief in die wahre Natur der Dinge einzutauchen und Einsicht zu entwickeln.

TRANSFORMATION WAHRNEHMEN

Ein Kind mag glauben, es sei eine ganz andere Person als seine Mutter, doch in Wirklichkeit ist es die Fortführung seiner Mutter, es ist seine Mutter.

Wenn man sich einen jungen Maisstängel anschaut, sieht man zunächst nicht den Maissamen, der die Pflanze hervorgebracht hat. Doch bei genauerem Hinschauen sieht man den Samen in seiner neuen Form: als Maisstängel. Jenseits der Begriffe Gleichheit und Andersheit erkennen wir die Wahrheit. Auf diese Weise wahrzunehmen, ist eine tiefe Praxis.

LOSLASSEN

Unsere Art zu schauen, zuzuhören, zu reagieren und zu beurteilen, lässt uns und unsere Lieben leiden. Wir haben Vorstellungen von Glück und Leid, die wir nicht loslassen können, obwohl wir wissen, dass wir, wenn wir sie loslassen, glücklicher und friedlicher in Körper und Geist werden und die schmerzhaften Gefühle und Emotionen keine Grundlage mehr haben, um aufzutauchen. Je mehr wir loslassen, desto glücklicher werden wir. Loslassen bedeutet nicht, dass wir alles loslassen. Wir lassen nicht die Wirklichkeit los. Doch wir lassen unsere falschen Vorstellungen und Wahrnehmungen über die Wirklichkeit los.

RECHTE SICHTWEISE

Rechte Sichtweise ist das erste Element des Edlen Achtfachen Pfades und die Grundlage für Rechtes Denken, Rechtes Reden und Rechtes Handeln. Ohne Rechte Sichtweise werden wir in unseren Gedanken, Worten und Handlungen meist nicht sehr geschickt sein, und das wird zu mehr Leid führen. Die insgesamt acht Elemente des Pfades nähren einander und hängen voneinander ab. Unsere Zufriedenheit, unser Glück und das Glück der Menschen um uns herum hängen von unserer Rechten Sichtweise ab. Mit unserer täglichen Praxis der Achtsamkeit nähren wir ihren Samen.

DIE SAMEN IDENTIFIZIEREN

All unsere potenziellen Geisteszustände existieren als Samen in unserem Unterbewusstsein (Speicherbewusstsein). Die Achtsamkeitspraxis hilft uns, alle Samen zu identifizieren und nur die zu gießen, die heilsam sind. Vielleicht empfinden wir ein spontanes Gefühl der Abneigung, wenn jemand auf uns zukommt. Zu einer anderen Person dagegen fühlen wir uns sofort hingezogen. In beiden ist etwas, das einen Samen in uns berührt. An unseren Reaktionen können wir die Samen erkennen, die in uns sind. Wenn wir uns der Samen in unserem Speicherbewusstsein bewusst werden, werden wir nicht länger von unserem eigenen Verhalten oder dem Verhalten anderer überrascht sein.

ALLE SAMEN SIND IN UNS

Wir alle haben die Fähigkeit, die heilsamen von den unheilsamen Samen zu unterscheiden, die in den Tiefen unseres Bewusstseins existieren. Jeder hat alle möglichen Samen in sich; sie enthalten alle Gefühle, Gedanken und Wahrnehmungen, die wir haben können. Wenn wir loyal sind, dann deshalb, weil wir den Samen der Loyalität in uns haben. Doch sollten wir nicht glauben, dass nicht auch der Samen des Verrats in uns steckt. Wenn wir in einer Umgebung leben, in der unser Samen der Loyalität ausreichend gewässert wird, werden wir eine loyale Person werden. Doch wenn unser Samen des Verrats regelmäßig gegossen wird, werden wir vielleicht sogar diejenigen verraten, die wir lieben.

DIE HEILSAMEN SAMEN WÄSSERN

Manchmal sehen wir unsere Kinder Dinge tun, von denen wir wissen, dass sie deretwegen zukünftig leiden werden. Wenn wir versuchen, sie darauf hinzuweisen, werden sie uns nicht zuhören. Alles, was wir tun können, ist, die Samen der Rechten Sichtweise in ihnen zu gießen, damit sie später, in einem schwierigen Moment, von unserer Anleitung profitieren können. Wir können den Geschmack einer Mango nicht jemandem erklären, der noch nie eine gekostet hat. Egal, wie gut wir sie beschreiben, unsere Worte können nicht die direkte, unmittelbare Erfahrung ersetzen. Rechte Sichtweise kann nicht beschrieben werden. Wir können nur in die richtige Richtung weisen. Rechte Sichtweise kann auch nicht von einer Lehrerin oder einem Lehrer übertragen werden. Sie können uns helfen, den Samen Rechter Sichtweise zu identifizieren, der sich bereits in unserem Garten befindet, und uns helfen, Vertrauen in die Praxis zu haben und diesen Samen dem Boden unseres täglichen Lebens zu überlassen. Aber wir sind die Gärtner. Wir müssen lernen, wie wir die heilsamen, gesunden Samen, die in uns sind, gießen, damit sie als Blumen erblühen. Das Instrument zum Gießen der heilsamen, gesunden Samen ist ein achtsames Leben – achtsames Atmen, achtsames Gehen, jeden Moment unseres Tages in Achtsamkeit leben.

DER SAMEN DER ERKENNTNIS

Der Samen der Erkenntnis ist in uns, doch wird er durch Schichten von Unwissenheit, Kummer, Trauer und Enttäuschung verdeckt. Wenn wir Achtsamkeit praktizieren, sehen wir den Samen des Erwachens in jedem, einschließlich in uns selbst. Im Prozess des Lernens, Nachdenkens und tiefen Schauens wird unsere Sichtweise immer weiser. Wenn wir achtsam leben, wird Rechte Sichtweise erblühen. Wenn wir uns nach der Gehmeditation besser fühlen, stärkt das unseren Entschluss, die Praxis fortzusetzen. Wenn wir sehen, wie die Gehmeditation anderen Frieden bringt, werden wir mehr Vertrauen in diese Praxis haben. Mit Geduld werden wir mehr und mehr die Freude des Lebens entdecken.

UNSERE WAHRNEHMUNGEN KÖNNEN UNS IRREFÜHREN

Eines Tages kehrte ein junger Witwer nach Hause zurück, um festzustellen, dass sein Haus niedergebrannt war und sein fünfjähriger Sohn vermisst wurde. In der Nähe befand sich die verkohlte Leiche eines Kindes, die er für seinen Sohn hielt; er weinte bitterlich. Nach der Einäscherung des Kindes bewahrte er die Asche in einem Beutel auf, den er Tag und Nacht um den Hals mit sich herumtrug. Doch sein Sohn war nicht gestorben; er war von Banditen entführt worden. Eines Tages entkam er und kehrte in das neue Haus seines Vaters zurück. Als er spät in der Nacht ankam, klopfte er an die Tür.

»Wer ist da?«, fragte der Vater.

»Ich bin's, dein Sohn.«

»Das ist unmöglich. Mein Sohn ist tot.«

Der Vater blieb bei seiner Überzeugung und

öffnete nicht die Tür. Am Ende musste der Junge gehen, und der Vater verlor seinen Sohn für immer.

Unsere falschen Wahrnehmungen können uns teuer zu stehen kommen. Sie erzeugen Verdacht, Angst, Wut, Hass und Verzweiflung, und auf diesen falschen Wahrnehmungen beruhen dann möglicherweise unsere Handlungen. Wenn die falschen Wahrnehmungen beseitigt werden, werden Glück und Zufriedenheit wieder möglich. Wenn Konflikte zwischen zwei Menschen entstehen, müssen wir innehalten und unsere Wahrnehmungen infrage stellen. Durch die Praxis des tiefen Zuhörens und der liebevollen Rede können wir uns gegenseitig helfen, falsche Wahrnehmungen zu beseitigen. Dies gilt auch für Konflikte zwischen Gruppen von Menschen und Nationen.

DIE SAMEN DES LEIDENS

Wenn wir tief in eine Blume schauen, können wir die Nicht-Blume-Elemente sehen, die ihr helfen, sich zu manifestieren – die Wolken, die Erde, den Gärtner und den Boden. Wenn wir unseren Schmerz genau anschauen, erkennen wir, dass unser Leiden nicht nur unseres ist. Es besteht auch aus vielen Nicht-Selbst-Elementen. Viele Samen des Leidens wurden uns von unseren Vorfahren, unseren Eltern und unserer Gesellschaft weitergegeben. Uns der Samen unseres Leidens bewusst zu werden, ist der erste Schritt zu ihrer Transformation.

BIN ICH MIR SICHER?

Wir sind uns meist ziemlich sicher, dass unsere Wahrnehmungen korrekt sind. Vielleicht sind wir überzeugt, dass jemand uns hasst oder verletzen will, aber möglicherweise bilden wir uns das nur ein. Wir handeln in diesem Glauben, was zu unzähligen Problemen führen kann. All unser Leiden entsteht dadurch, dass wir die Dinge nicht so sehen, wie sie sind. Wir sollten uns voller Demut fragen: »Bin ich mir sicher?« – und unseren Wahrnehmungen Raum und Zeit lassen, damit sie immer tiefer und klarer werden. Im medizinischen Bereich erinnern sich Ärzte und Pflegekräfte häufig gegenseitig daran, sich nicht zu sicher zu sein, selbst wenn sie glauben, sich sicher zu sein. Wir können dasselbe tun.

UNSERE STÄRKEN UND SCHWÄCHEN SEHEN

Wenn wir tief in uns hineinschauen, werden wir vermutlich einige Stärken bemerken, die wir von unseren Eltern und Vorfahren geerbt haben. Wir sind ihre Fortführung und sollten deshalb nicht zu stolz darauf sein. Auch unsere Angst, Wut und unser diskriminierendes Denken wurden uns von Eltern, Vorfahren und der Gesellschaft übermittelt. Deswegen sollten wir sie jedoch nicht verurteilen. Sie waren nicht in der Lage, ihre Schwächen zu transformieren, und haben sie deshalb an uns weitergegeben. Jetzt ist es unsere Aufgabe, uns zu verändern, sodass wir sie nicht an unsere Kinder weitergeben. Diese Art, uns selbst und andere zu betrachten, wird zu mehr Verständnis, Mitgefühl führen.

LASSEN WIR ANDERE UNSER SPIEGEL SEIN

Unsere Familienmitglieder, Freundinnen und Freunde sind wie Spiegel, die uns vorgehalten werden. Wenn wir uns unseren Schwächen stellen und Wege finden, sie zu überwinden, werden wir uns leichter fühlen. Bemerken wir ein bestimmtes Verhalten an uns selbst, können wir andere um Unterstützung bitten: »Liebe Freundin, lieber Bruder, liebe Schwester, bitte hilf mir. Wenn du siehst, dass mein Verhalten nicht freundlich oder geschickt ist, lass es mich bitte wissen.« Wenn wir um solche Unterstützung bitten, werden die anderen großen Respekt und Liebe für uns empfinden und sich ermutigt fühlen, dasselbe zu tun.

UNSER LEIDEN VERSTEHEN

Wir sollten nicht versuchen, vor unserem Leiden davonzulaufen, sondern versuchen, es zu umarmen und genau und eingehend zu betrachten. Durch tiefes Schauen entstehen Verständnis und Mitgefühl. Wenn wir unseren eigenen Schmerz verstanden haben, wird es viel einfacher sein, den Schmerz eines anderen Menschen zu verstehen. Verstehen wir die Natur unseres Leidens, wird es viel einfacher sein, das Leiden um uns herum zu verstehen. In einer Kultur, in der wir uns so sehr auf Technologie und materiellen Reichtum konzentrieren, gibt es nur wenig Raum für Mitgefühl. Doch es sind Verständnis und Mitgefühl, die wahre Zufriedenheit möglich machen.

UNSER EIGENER ANTEIL

Wenn wir tief in unser Leiden schauen, können wir uns fragen, was wir dazu beigetragen haben. Das bedeutet nicht, dass unser Leiden nicht real wäre; es bedeutet aber, dass wir die Fähigkeit haben, es zu verringern, anstatt es zu vergrößern, und dass wir es sogar transformieren können. Auch bei einem Konflikt mit einem anderen Menschen sollten wir durch tiefes Schauen erkennen, wie wir zu den aufgetretenen Schwierigkeiten beigetragen haben. Wir haben unseren Anteil daran. Wir können uns fragen: »Auf welche Weise habe ich zu dieser Situation beigetragen?« Dies ist die Art von tiefem Schauen, die zu Heilung und Versöhnung führen kann.

KEINE SCHULDZUWEISUNGEN

Wenn wir einen Zitronenbaum in unserem Garten haben, wollen wir, dass er kräftig und schön ist. Wenn der Baum nicht gedeiht, geben wir ihm nicht die Schuld. Wir beobachten ihn, um zu verstehen, warum er nicht gut wächst. Vielleicht haben wir uns nicht gut genug um ihn gekümmert. Wir wissen, dass es seltsam wäre, einem Zitronenbaum Schuld zuzuweisen, und doch tun wir genau das bei Menschen, wenn sie nicht gut gedeihen. Menschen unterscheiden sich jedoch nicht allzu sehr von Zitronenbäumen. Wenn wir uns gut um sie kümmern, werden sie gut gedeihen. Schuldzuweisungen sind nie hilfreich.

FRIEDEN SCHAFFEN

Wenn wir auf jemanden wütend sind, dann nur, weil wir nicht in der Lage sind, die vielen Elemente zu sehen, aus denen diese Person besteht. Wir wissen nicht, dass sie aus einer Gewohnheitsenergie heraus handelt, die ihr von ihren Vorfahren übertragen wurde. Sobald wir das verstehen, können wir diesen Menschen leichter akzeptieren. Das gilt auch für uns selbst. Wenn wir in uns all die Elemente erkennen, die wir von unseren Eltern, Vorfahren und unserer Umwelt in uns tragen, werden wir unsere Selbstverurteilung loslassen und aufhören, andere zu kritisieren. Mit diesem Verständnis finden wir einen Weg, die Schwierigkeiten, die wir mit anderen haben, zu überwinden.

EINSEITIGE VERSÖHNUNG

Wir sind oft noch in Bildern unseres vergangenen Leidens gefangen, sodass wir leicht falsche Wahrnehmungen entwickeln und auf eine Weise reagieren, die zusätzliches Leid bringt. Stattdessen könnten wir uns durch achtsames Atmen und Gehen beruhigen und Bewusstheit und Einsicht entstehen lassen. Beim Ein- und Ausatmen erkennen wir, dass es Leiden und falsche Wahrnehmungen in uns und in der anderen Person gibt. Mit dieser Einsicht beginnt die Heilung. Versöhnung kann auch einseitig sein. Unser Verstehen wird sich auf die andere Person auswirken, selbst wenn sie noch nicht weiß, wie sie ihr Leiden erkennen und damit umgehen soll.

VERSTEHEN UND EINSICHT

Wut ist ein organisches, lebendiges Wesen, ebenso wie Liebe. Wenn wir wissen, wie wir mit unserem Ärger umgehen können, kann er sich in Liebe verwandeln. Wir müssen die Wut und den Ärger nicht loswerden. Wenn wir in der Lage sind, das Leiden eines Menschen zu erkennen und seine Situation zu verstehen, sehen wir ihn mit anderen Augen, mit den Augen des Mitgefühls. Mitgefühl verwandelt unseren Zorn, und wir wollen den anderen nicht mehr bestrafen. Dank unserer Einsicht können wir unsere falschen Wahrnehmungen korrigieren. Statt Wut, Angst und Verzweiflung leben in uns dann Mitgefühl und die Bereitschaft, dem anderen Menschen zu helfen.

VERGEBUNG

Wenn wir alle Ursachen sehen können, die zu den Handlungen einer anderen Person geführt haben, entsteht Vergebung auf natürliche Weise. Wir können uns nicht zwingen zu vergeben. Nur wenn wir die Ursachen und Bedingungen wirklich verstehen, können wir Mitgefühl empfinden und diesem Menschen vergeben. Vergebung ist die Frucht von Bewusstheit und Einsicht. Sie resultiert daraus, jemanden wirklich zu sehen und sein Leiden zu verstehen. Wenn wir die Herausforderungen und das Leiden eines anderen verstehen, können wir diese Person annehmen und lieben, so, wie sie ist.

DIES IST, WEIL JENES IST

Die essenzielle Natur des Interseins zu verstehen, umfasst die Erkenntnis, dass dies ist, weil jenes ist. Alles entsteht durch Ursachen und Bedingungen. Dies entsteht, weil jenes entsteht. Damit es eine Mutter geben kann, muss es ein Kind geben; und wenn es ein Kind gibt, muss es eine Mutter geben. Wir existieren nur auf diese miteinander verbundene Weise. Mithilfe dieser Einsicht sehen wir klarer und können effektiver sein. Dies ist, weil jenes ist, dies ist nicht, weil jenes nicht ist. Das ist die Einsicht des Interseins. Nichts kann von selbst und aus sich selbst heraus existieren. Alles auf der Welt ist miteinander verbunden.

ZWEIFEL

Zweifel können hilfreich sein. Wenn du nicht zweifelst, hast du keine Chance, die wahre Natur dessen zu entdecken, was ist. Dem Zen-Buddhismus zufolge gilt: Je größer unser Zweifel, desto größer wird unsere Erleuchtung sein. Also können Zweifel eine gute Sache sein. Wenn wir uns zu sicher sind, wenn wir immer fest von etwas überzeugt sind, dann können wir lange Zeit in falschen Wahrnehmungen gefangen sein.

UNSERE VORSTELLUNG VON GLÜCK

Wir haben eine Vorstellung von Glück. Wir glauben vielleicht, dass uns nur bestimmte Bedingungen glücklich machen werden. Oft ist es jedoch genau diese Vorstellung von Glück, die uns daran hindert, wirklich glücklich zu sein. Die Bedingungen für das Glück sind bereits da, sie sind in uns und um uns herum. Wir haben Augen, die sehen können, Beine, die gehen können, Lungen, die atmen können. Alle Wunder des Lebens sind im gegenwärtigen Moment verfügbar – der Sonnenschein, die frische Luft, die Bäume, die Vielfalt der Farben und Formen um uns herum. Das Wesentliche ist, uns dessen bewusst zu sein. Wenn wir unsere Augen öffnen, werden wir sehen.

UNSEREN GELIEBTEN SEHEN

Wir alle sind immer wieder Opfer falscher Wahrnehmungen. Wenn wir in jemanden verliebt sind, sind wir voll irriger Annahmen über diese Person. Wir sind in unser Bild verliebt und nicht in die eigentliche Person. Wenn wir anfangen zu entdecken, wie der andere Mensch wirklich ist, sind wir oft enttäuscht. Dann sollten wir zu uns selbst zurückkehren, um unsere eigenen Unzulänglichkeiten liebevoll anzunehmen. Nur wenn wir uns selbst mit Verständnis und Mitgefühl begegnen, können wir auch den Menschen, den wir lieben, akzeptieren und geduldig und mitfühlend mit ihm sein. Dies ist der Beginn der Praxis wahrer Liebe, wenn wir lernen, den anderen Menschen so zu verstehen und anzunehmen, wie er ist.

DIE LIEBE LEBENDIG ERHALTEN

Wenn wir uns gegenseitig tief betrachten, können wir die tiefsten Anliegen und Wünsche des anderen sehen, aber auch seine Ängste, sein Leid und seine Einsamkeit. Wenn wir den Schmerz und das Leiden in uns selbst und im anderen verstehen, wachsen unser Verständnis und Mitgefühl. Sie haben die Kraft, uns zu heilen und zu verwandeln. Nichts in der Welt kann ohne Nahrung überleben. Das Gleiche gilt für die Liebe. So schön unsere Liebe auch ist, sie ist vergänglich, also müssen wir lernen, wie wir sie mit Verstehen und Mitgefühl nähren können. Nur wenn wir wissen, wie wir uns gegenseitig tief betrachten können, vermögen wir diese beiden wertvollen Energien zu erzeugen.

GEIST UND KÖRPER SIND EINS

Was immer im Körper geschieht, passiert auch im Geist. Wenn wir den Körper als ein Objekt der Begierde betrachten, haben wir den Körper nicht wirklich gesehen. Wir sollten unseren eigenen Körper und den Körper einer anderen Person mit größter Wertschätzung behandeln. Der Körper ist so heilig wie der Geist. Wenn wir den Körper eines anderen berühren, berühren wir seinen Geist und seine Seele.

DIE NATUR DES VERLANGENS UND DES GLÜCKS

Ein Großteil unseres Leidens hängt von unseren Wahrnehmungen und unserem Verlangen ab. Wann immer wir nicht bekommen, was wir wollen, leiden wir. Doch die Wahrheit ist, dass wir manchmal bekommen, was wir wollen, und wir sogar noch mehr leiden. Weil es nicht so ist, wie wir es uns vorgestellt haben, oder es nicht den gewünschten Effekt hat oder etwas in unserem Leben sich zum Schlechten verändert. Manchmal schätzen wir das begehrte Objekt gar nicht mehr, wenn wir es erst einmal haben, und wollen stattdessen etwas anderes.

Die Menschen neigen dazu, sich Glück in Form von Ruhm, Macht, Reichtum und sinnlichen Freuden vorzustellen. Wir wissen gleichzeitig, dass das Verlangen nach diesen Dingen sehr leidvoll sein kann. Wir müssen also ein ganz anderes Verständnis von Glück und Zufriedenheit entwickeln. Wenn wir Frieden in uns selbst kultivieren, dann werden Klarheit, Mitgefühl und Mut daraus erwachsen. Wir müssen tief schauen, um die wahre Natur des Objekts unseres Verlangens zu erkennen. Wenn wir diese klar erkennen, wird das Objekt seine Anziehungskraft verlieren, und wir werden frei sein.

ACHTSAMKEIT SCHÜTZT UNS

Wenn wir durch die Stadt fahren, konsumieren wir ständig Dinge, ob wir wollen oder nicht. Werbung dringt in unser Bewusstsein und das unserer Kinder, die noch weniger in der Lage sind, diese Quellen toxischen Konsums zu filtern. Wir sind vielen gewalttätigen oder aufregenden Bildern, Geräuschen, Filmen, Fernsehsendungen und Artikeln ausgesetzt, die entweder Angst und Verzweiflung wachrufen oder unser Verlangen anregen. Ohne Achtsamkeit haben wir keine Schutzhaut. Was wir sehen und hören, greift uns direkt an und dringt in unser Bewusstsein ein. Achtsamkeit ist ein Mittel, mit dem wir uns schützen und gewahr werden können, was wir mit unseren Sinnen konsumieren.

INDIVIDUELLES UND KOLLEKTIVES BEWUSSTSEIN

Wir sind vom Denken anderer beeinflusst und konsumieren die Ansichten anderer Menschen. Das individuelle Bewusstsein besteht aus dem kollektiven, und das kollektive Bewusstsein besteht aus dem individuellen. Unser Bewusstsein gestaltet unsere Welt.

JENSEITS VON KATEGORIEN

Manchmal haben Menschen bestimmte Ideen oder Sichtweisen und wollen uns in eine ihrer Schubladen stecken. Doch was passiert, wenn man da gar nicht hineingehört? Was zählt, ist konkrete Wirklichkeit, und nicht das Wort, mit dem wir sie beschreiben. Ein Name ist nur eine konventionelle Bezeichnung, nicht jedoch die Realität an sich. Wir müssen uns darin üben, uns jenseits der Etikettierungen wahrzunehmen, um unsere jeweils wahre Natur zu sehen.

ZUGANG ZUR WIRKLICHKEIT

Innerhalb des Speicherbewusstseins haben wir einen direkten Zugang zur Wirklichkeit, zur Soheit, zu den Dingen, so, wie sie sind. In jedem und jeder von uns befindet sich eine grundlegende Weisheit, die die Wirklichkeit selbst direkt berühren kann. Dennoch erleben wir oft Anhaftung und Abneigung, die auf früheren Erfahrungen beruhen. Wir klassifizieren das, was wir wahrnehmen, nach den Schubladen, die wir bereits in unserem Speicherbewusstsein haben. Wir malen die neuen Informationen mit den alten Farben, die wir bereits in uns haben. Deshalb haben wir meistens keinen direkten Zugang zur Wirklichkeit, zu den Dingen, so, wie sie sind.

IN KONTAKT MIT DEN DINGEN, SO, WIE SIE SIND

In jemanden verliebt zu sein ist nicht dasselbe, wie diese Person wirklich zu lieben. Zuerst erschaffen wir ein Bild, und dann verlieben wir uns in dieses Bild. Das Objekt unserer Liebe ist lediglich ein mentales Konstrukt, eine Repräsentation der Wirklichkeit, nicht die Wirklichkeit selbst. Wir leben im Bereich der Illusion. Wir alle haben jedoch die Fähigkeit, die Wirklichkeit selbst zu berühren. Dies erfordert eine gewisse Schulung. Mit der Praxis der Achtsamkeit können wir diese Fähigkeit wiederherstellen und unsere Lieben so sehen, wie sie wirklich sind.

FÜNF UNIVERSELLE KRÄFTE

Der Kontakt zwischen einem Subjekt und einem Wahrnehmungsobjekt, zwischen einem Beobachter und dem Beobachteten, wässert immer einen Samen im Speicherbewusstsein und bewirkt eine Reaktion. Kontakt ist eine von fünf geistigen Formkräften, die als »universell« bezeichnet werden, weil sie immer in Funktion sind. Die anderen vier sind Gefühle, Aufmerksamkeit, Wahrnehmung und Willenskraft. Zusammen formen sie einen neuronalen Weg. Wenn unsere Augen zum Beispiel eine Schlange sehen, folgt unsere Aufmerksamkeit. Wenn wir das Objekt als Schlange wahrnehmen, haben wir Angst und wollen weglaufen. All dies geschieht so schnell, dass uns der Vorgang nicht bewusst wird.

GEWOHNHEITSENERGIE

In unserem Gehirn gibt es viele neuronale Bahnen oder Wege, auf denen wir häufig reisen, es sind unsere gewohnheitsmäßigen Reaktionen, die wir auf ein Objekt der Wahrnehmung haben. Mit der Praxis der Achtsamkeit, Konzentration und Einsicht können wir in die sukzessive Abfolge vom Kontakt bis zur Absicht eingreifen und uns einen neuen neuronalen Weg eröffnen. Dieser neue Pfad ersetzt unsere gewohnheitsmäßige, automatische Reaktion und lässt uns eine andere Route einschlagen, die zu mehr Verständnis und Wohlbefinden führt.

UNSERE WAHRNEHMUNGEN ÜBERPRÜFEN

Wenn jemand etwas sagt oder tut, das bei uns ein schmerzhaftes Gefühl auslöst, meinen wir, dass es der anderen Person darum geht, uns leiden zu lassen. Doch vielleicht ist es gar nicht so, vielleicht hat sie einfach nur die Nacht zuvor nicht gut geschlafen. Ihre Worte oder Handlungen können uns dazu bringen, etwas Unfreundliches zu entgegnen. Wenn wir glauben, die andere Person sei grausam und gemein, wollen wir oft etwas noch viel Gemeineres sagen, um sie zu bestrafen und um weniger zu leiden. Das ist nicht sehr weise, aber so reagieren die meisten von uns. Deshalb müssen wir unsere Wahrnehmungen überprüfen. Dabei können wir die andere Person um Hilfe bitten.

EIN NEUER NEURONALER WEG

Angenommen, wir greifen nach etwas Süßem zum Essen. Doch durch unsere Achtsamkeit wird uns plötzlich bewusst, was wir tun, und wir fragen uns: »Warum greife ich jetzt nach einem Plätzchen? Ich habe doch keinen Hunger.« Wir nehmen uns die Zeit und atmen. Ein einziger Atemzug kann den Unterschied ausmachen. Wir werden vielleicht entdecken, dass es in uns Sorge, Einsamkeit oder Ärger gibt und wir automatisch nach etwas zu essen greifen, um das unangenehme Gefühl loszuwerden. Dies ist uns zu einer Gewohnheit geworden, die oft zu Leiden führt. Mit Achtsamkeit, Konzentration und Einsicht können wir neue neuronale Wege schaffen, die zu Einsicht und mehr Zufriedenheit führen.

KEINE DISKRIMINIERUNG

Meine rechte Hand hat die Weisheit der Nicht-Unterscheidung. Sie hat einen Namen, »rechte Hand«, und sie hat fünf Finger. Meine linke Hand hat einen Namen, »linke Hand«, und auch sie hat fünf Finger. Meine rechte Hand hat all meine Gedichte geschrieben. Meine rechte Hand hat keinen Überlegenheitskomplex. Sie sagt nie: »Liebe linke Hand, ich sehe, dass du nicht sehr nützlich bist. All diese Gedichte – ich bin es, die sie geschrieben hat.« Sie unterscheidet nicht und ist in Frieden mit meiner linken Hand. Sie kämpfen nie miteinander. Meine linke Hand hat keinen Minderwertigkeitskomplex und auch keinen Gleichheitskomplex. Sie vergleicht nicht, sie leidet überhaupt nicht.

DER PREIS FÜR EINE FALSCHE VORSTELLUNG

Ich kenne einen jungen Mann, der sehr unter einer falschen Vorstellung gelitten hat. Als sein Vater von einer Reise zurückkam und erfuhr, dass seine Frau schwanger war, vermutete er, dass das Kind von einem Nachbarn stamme. Er begegnete seiner Frau fortan äußerst distanziert. Sie hatte keine Ahnung, warum er so zu ihr war, doch sie litt sehr darunter. Das Kind wuchs in dieser Atmosphäre des Misstrauens auf. Als der Junge zwölf Jahre alt war, kam sein Onkel zu Besuch und sagte, dass der Junge genau wie sein Vater aussehe. Erst dann konnte der Vater ihn als seinen Sohn annehmen. Doch in all den Jahren zuvor hatte die ganze Familie sehr gelitten und leidet noch immer unter den Folgen.

Eine falsche Vorstellung kann uns teuer zu stehen kommen. Wir müssen lernen, die Dinge unseres täglichen Lebens klarer zu sehen. Wir sollten uns stets an die andere Person wenden und sie fragen, ob unsere Wahrnehmung richtig ist. Der Vater war in seinem Stolz gefangen und hatte nicht den Mut, mit seiner Frau zu sprechen. Wenn wir einen Verdacht hegen, sollten wir zu der anderen Person gehen und sagen: »Ich leide. Bitte hilf mir. Bitte sag mir, warum du das getan (oder gesagt) hast.« Und fragen wir uns: »Bin ich mir sicher?« Sind wir uns unserer Wahrnehmungen sicher? Wir werden viel Leid vermeiden, wenn wir offen dafür sind, unsere Ansichten zu überprüfen und zu erforschen.

EINHEIT UND VIELFALT

Alle Phänomene sind voneinander abhängig. Doch wenn wir an ein Staubkorn, eine Blume oder einen Menschen denken, sieht unser Geist diese Dinge als individuelle Phänomene. Wenn wir wirklich die wechselseitige Abhängigkeit von Staub, Blume und Mensch erkennen, sehen wir, dass Einheit nicht ohne Vielfalt existieren kann. Einheit und Vielfalt durchdringen einander in freier Weise. Einheit ist Vielfalt, und Vielfalt ist Einheit.

DIE WEISHEIT DER NICHT-UNTERSCHEIDUNG

Normalerweise haben wir eine dualistische Sichtweise. Wir kategorisieren die Dinge als gut oder schlecht, richtig oder falsch. Die Weisheit der Nicht-Unterscheidung gründet auf der nicht dualistischen Natur aller Dinge. Diese Sichtweise geht über Konzepte hinaus. Dem Buddhismus zufolge gibt es den Geist und die Objekte des Geistes, und sie manifestieren sich gleichzeitig; wir können sie nicht voneinander trennen. In der Quantenphysik haben die Wissenschaftler gesehen, dass ihr Geist das beobachtete Teilchen beeinflusst. Objekte des Geistes werden vom Geist selbst geschaffen. Die Art und Weise, wie wir die Welt um uns herum wahrnehmen, hängt von unserer Sichtweise ab.

SCHAUEN, OHNE ZU SEHEN

Ein Baum offenbart sich einem Künstler erst dann, wenn der Künstler eine Beziehung zum Baum herstellen konnte. Wenn wir mit uns selbst in Kontakt sind, wissen wir, wie wir leben können, sodass eine gute Zukunft für die Erde möglich ist. Die Frage: »Ist eine menschliche Zukunft möglich?« ist sinnlos, wenn wir nicht die Millionen von Mitmenschen sehen können, die um uns herum leiden, leben, lieben und sterben. Nur wenn wir zu uns selbst nach Hause kommen und zu uns selbst eine Verbindung herstellen, können wir uns selbst und andere wirklich sehen und mit der Welt um uns herum in Verbindung sein.

IMMER TIEFERE EINSICHTEN GEWINNEN

Achtsamkeit führt zu Konzentration, die uns wiederum Erkenntnisse darüber vermittelt, wie wir sprechen und handeln sollten. Achtsamkeit und Konzentration helfen uns, die Natur der Wirklichkeit tiefer zu erforschen, was zu Einsichten in Nicht-Unterscheidung und Intersein führt. Das Beste, was wir der Welt bieten können, ist unsere Einsicht. Unser Leben in Achtsamkeit und Konzentration zu leben bedeutet, immer tiefer zu verstehen – für unsere eigene Befreiung, Heilung und unser Gedeihen und für die Befreiung, Heilung und das Gedeihen der Welt.

DIE EINHEIT VON GEIST UND WELT

Zu oft unterscheiden wir zwischen der inneren Welt unseres Geistes und der äußeren Welt. Doch diese Welten sind nicht getrennt. Sie gehören zur selben Wirklichkeit. Die Ideen von innen und außen sind hilfreich im Alltag, sie können jedoch zu einem Hindernis werden für ein Erleben der letztendlichen Wirklichkeit, die alle Vorstellungen von Gegensätzen – innen und außen, Geburt und Tod, Sein und Nichtsein – überschreitet. Wenn wir tief in unseren Geist schauen, sehen wir auch die Welt. Wenn wir die Welt verstehen, verstehen wir auch unseren Geist. Die Neurowissenschaften nennen dies die Einheit von Geist und Welt.

KEINE FEINDE

Wenn wir Opfer von Ungerechtigkeit geworden sind, sollten wir uns eingehend auch mit denen befassen, die uns leiden ließen, um zu erkennen, dass auch sie Opfer sind – Opfer ihres eigenen Leidens, ihrer eigenen Täuschungen, ihrer eigenen Wut und Angst. Wir sollten ebenfalls genau hinschauen, um zu erkennen, wie unsere eigenen Überzeugungen, Worte oder Taten zu der Wut oder Angst beigetragen haben könnten. Diese Art von Verstehen bewirkt eine Transformation. Wir sehen den anderen nicht mehr als unseren Feind, sondern als jemanden, der Hilfe braucht. Wenn wir diesen Menschen zu verstehen beginnen, leiden wir weniger. Manchmal kann schon eine kleine Handlung eine großartige Veränderung bewirken.

UNTERSCHIEDLICHE WAHRNEHMUNGEN DERSELBEN WIRKLICHKEIT

Jede unserer Lebenserfahrungen wird zu einem Samen in unserem Speicherbewusstsein. Aus diesen Samen können Vorurteile erwachsen, auf die wir dann unsere Wahrnehmungen stützen. Menschen können sich sogar gegenseitig töten, weil sie dieselbe Wirklichkeit unterschiedlich wahrnehmen. Wenn wir auf einer falschen Wahrnehmung bestehen und sie nicht aufgeben wollen, verletzen wir uns selbst und andere immer weiter.

DIE WIRKLICHKEIT ALS GANZES BETRACHTEN

Wir unterscheiden zwischen Blüten, Blättern und dem Baum, der die Grundlage ihrer Existenz ist; aber in Wirklichkeit sind sie eins. Das Gleiche gilt für die Menschheit und die Natur. In den chinesischen Tuschemalereien wird der Natur viel Raum gegeben und der Mensch immer nur als ein Teil der Natur dargestellt. Die Menschheit hat viele Traditionen, die uns ermutigen, die Wirklichkeit als Ganzes zu betrachten, anstatt sie in einzelne Einheiten zu zerlegen.

EINANDER UMARMEN

Während des Vietnamkriegs verurteilten wir uns in unserem Leid gegenseitig und sahen uns als Feinde an. Tatsächlich waren wir jedoch alle Opfer einer Regierung, die nicht mit Weisheit oder Klarblick handelte. Sowohl die Menschen in Süd- wie die in Nordvietnam waren Opfer. Wenn wir das hätten sehen können, wären wir nicht so wütend aufeinander gewesen und hätten uns alle umarmen können. Unser Feind ist nicht der Mensch, unser Feind ist unsere Unfähigkeit, die Situation so zu sehen, wie sie wirklich ist. Unsere Unwissenheit, die Dunkelheit unseres Geistes ließen uns die reale Situation nicht klar erkennen und führten zu falschen Wahrnehmungen, die in einem sinnlosen Krieg mündeten, in dem wir uns gegenseitig töteten und so unsägliches Leid für alle schufen.

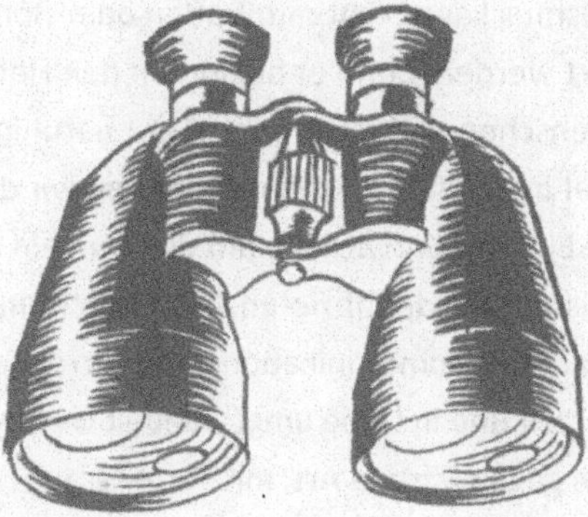

EIN FRIEDLICHES HERZ

Terrorakte entstehen aus falschen Wahrnehmungen, die Angst, Wut und Hass hervorrufen. Terrorismus kann nicht mit Waffen oder Bomben zerstört werden, denn er beginnt in den Herzen der Menschen. Indem wir den Geist beruhigen und tief in uns selbst schauen, können wir die nötige Einsicht entwickeln, um die Wurzeln des Terrorismus zu identifizieren. Mit Einsicht und mitfühlender Kommunikation kann Terrorismus entwurzelt und in Liebe umgewandelt werden. Unsere gegenwärtige Art, mit Terrorismus umzugehen, führt auf einen gefährlichen Weg, bei dem Misstrauen und Angst weiter zunehmen. Es ist an der Zeit, damit aufzuhören. Lasst uns innehalten. Es ist an der Zeit, nach wahrer Stärke und wahrer Sicherheit zu suchen. Was bräuchten wir, um uns denen zuzuwenden, die uns terrorisiert haben, und zu sagen: »Ihr müsst sehr gelitten haben. Ihr müsst viel Hass und Wut auf uns haben, um so etwas zu tun. Ihr habt versucht, uns zu vernichten, und habt uns so viel Leid zugefügt. Welches Missverständnis hat euch dazu veranlasst, so zu handeln?« Wir können uns unserer gegenseitigen Abhängigkeit mit anderen Menschen und anderen Nationen in der Welt nicht entziehen. Lasst uns tief schauen und einen Weg der Befreiung finden. Es ist möglich, sich wieder mit den Augen des Vertrauens, der Gemeinschaftlichkeit und der Liebe zu betrachten.

STROM DES SEINS

Wenn wir mit den Augen des Mitgefühls schauen, werden wir alle unsere Vorfahren in uns sehen, mit all ihren Stärken und Schwächen. Solange wir in der Vorstellung gefangen sind, dass wir dieser Körper sind, wir dieser Geist sind, sehen wir uns nicht wirklich. Alle unsere Vorfahren sind in uns, mit all ihren Erfahrungen. Wenn wir frei von der Vorstellung eines Selbst sind, wenn wir uns als einen kontinuierlichen Strom des Seins sehen können, in dem sich auch unsere Vorfahren fortsetzen, dann werden wir anfangen, unseren Körper und Geist mit Respekt zu behandeln, und es wird nicht schwierig für uns sein, auch anderen respektvoll zu begegnen.

FALSCHE ANSICHTEN AUFLÖSEN

Manchen Menschen erschienen Jesus, Mahatma Gandhi und Martin Luther King jr. als gefährlich. Dies beruhte auf falschen Wahrnehmungen. Aus Missverstehen und Angst können Menschen gewalttätige Dinge tun. Große spirituelle Führer wie Jesus, Gandhi und Dr. King waren nicht wütend, als sie starben. Sie empfanden Mitgefühl mit den Menschen, die töteten, weil sie wussten, dass ihre Tat von falschen Wahrnehmungen, von Wut und Angst geleitet wurde. Unsere Welt braucht Mitgefühl und Verstehen, und die Praxis der Achtsamkeit ist der Schlüssel. Wenn wir tief schauen, lösen sich unsere falschen Ansichten auf, und daraus entstehen Verstehen und Mitgefühl.

DIE WUNDEN IN UNSEREM HERZEN HEILEN

Wenn Konflikte entstehen, sei es zwischen Menschen, Gruppen von Menschen oder Nationen, müssen wir innehalten und unsere Wahrnehmungen infrage stellen. Mit der Praxis des liebevollen Sprechens und tiefen Zuhörens können wir uns gegenseitig helfen, unsere falschen Wahrnehmungen aufzugeben. So können wir Kriege stoppen, Terrorismus verhindern, Gewalt beenden und Frieden schaffen. Jeder von uns hat Samen des Verstehens und des Mitgefühls in sich. Wenn wir die gesunden Samen berühren, helfen wir ihnen, jeden Tag zu wachsen. Mit Verstehen und Mitgefühl werden wir in der Lage sein, die Wunden in unserem Herzen und in der Welt zu heilen.

LIEBE IST HEILENDER NEKTAR

Die Liebe ermöglicht es uns, Dinge zu sehen, die man ohne Liebe nicht sehen kann. Die Augen des Mitgefühls sind auch die Augen des Verstehens. Mitgefühl ist das süße Wasser, das der Quelle des Verstehens entspringt. Tiefes Schauen zu praktizieren, ist die grundlegende Medizin für Wut, Hass und Angst.

EINE BESSERE UMWELT SCHAFFEN

Wenn wir einen Menschen tief betrachten, sehen wir, dass ein Individuum aus viel mehr Elementen besteht, als wir normalerweise sehen. Es gehören auch noch seine Eltern, seine Vorfahren, seine Erziehung und Bildung, Gesellschaft und das kulturelle Umfeld dazu. Verhält sich jemand negativ, bedeutet das nicht unbedingt, dass er das gerne tut, sondern vielleicht einfach nur Opfer einer Übertragung negativer Samen ist. Wenn wir das erkennen, verurteilen wir diesen Menschen nicht. Stattdessen fühlen wir uns inspiriert, die Umwelt, Erziehung, Bildung und Gesellschaft so zu verändern, dass die nächste Generation nicht Opfer derselben Übertragung wird.

ALLE UNSERE VORFAHREN

Wir wissen sehr wohl, dass wir Vorfahren haben. Doch sind unsere Vorfahren nicht nur Menschen, wir haben auch tierische Vorfahren, pflanzliche Vorfahren und mineralische Vorfahren. Unsere menschlichen Vorfahren sind noch sehr jung. Wir sind erst sehr spät in der Geschichte des Lebens auf der Erde erschienen. Unsere tierischen Vorfahren sind immer noch in uns. Das Reptil, der Fisch und der Affe sind noch in uns. Sie waren nicht nur in der Vergangenheit Teil von uns, sondern sie sind auch im gegenwärtigen Moment in uns. Schauen wir tief in unsere Zellen hinein, erkennen wir, dass wir die ganze Geschichte des Lebens sind.

DER STROM DES LEBENS

Wenn wir in unseren Körper schauen, werden wir entdecken, dass wir kein separates Selbst sind, das von allem anderen getrennt ist, sondern ein kontinuierlich fließender Strom – der Strom des Lebens selbst. Das Eine enthält das Ganze. Unser Körper kann uns alles sagen, was es über den Kosmos, den grenzenlosen Raum und die unendliche Zeit zu wissen gibt. Das Hier und das Jetzt trägt die Spanne der Ewigkeit in sich, einschließlich der Vergangenheit und der Zukunft. Die Ewigkeit ist da, um in jedem Moment berührt zu werden. Sowohl Sonne als auch Mond, alle Sterne und alle schwarzen Löcher können sich bequem in ein winziges Sandkorn schmiegen.

DIE LETZTENDLICHE WIRKLICHKEIT

Alles, was wir in Bezug auf Sein und Nichtsein, Geburt und Tod sehen, ist ein geistiges Konstrukt. Wenn wir mit Achtsamkeit und Konzentration in eine Wolke schauen, berühren wir die Natur von Nicht-Geburt und Nicht-Tod der Wolke. Wir können die Wolke so sehen, wie sie ist, und nicht länger als eine Erfindung unseres Geistes. Die letztendliche Wirklichkeit ist frei von geistigen Konstrukten und von allen Vorstellungen wie Geburt und Tod, Sein und Nichtsein, Kommen und Gehen, gleich und unterschiedlich.

NICHTS GEHT VERLOREN

Mit den Augen der Zeichenlosigkeit zu schauen, wird uns helfen, andere Menschen nicht nur in ihrer äußeren Form zu erkennen. Wenn wir dazu in der Lage sind, werden wir nicht traurig sein, wenn dieses Äußere nicht mehr da ist. Nichts geht verloren. Wenn wir die Wolke nicht sehen, haben wir den Regen. Wenn wir den Regen nicht sehen, haben wir den Tee. Unser Körper, unsere Präsenz und unser Bewusstsein nehmen die ganze Zeit und den ganzen Raum ein. In diesem Sinne gibt es kein »Bevor« wir sterben und kein »Danach«. Mit einem ausreichenden Maß an Achtsamkeit und Konzentration können wir dieses Gewahrsein entwickeln und die Vorstellung von Geburt und Tod überwinden.

DIE NATUR BESITZT INTELLIGENZ

Wenn wir einen Grashalm tief betrachten, sehen wir, dass er nicht nur aus Materie besteht. Er hat seine ihm eigene Intelligenz. Ein Samenkorn weiß, wie aus ihm eine Pflanze mit Blättern, Blumen und Früchten wächst. Jedes Atom in einem Staubpartikel verfügt über Intelligenz. Ebenso wie jede Zelle in unserem Körper hat alles seine innewohnende Weisheit. Mutter Erde erschafft, nährt und erhält das Leben und verfügt über unendliche Weisheit und Intelligenz.

SORGE TRAGEN FÜR UNSERE UMWELT

Meist unterscheiden wir zwischen Menschen und Nicht-Menschen und denken, wir seien wichtiger als andere Arten. Wir Menschen bestehen ausschließlich aus nicht menschlichen Elementen, wie Pflanzen, Mineralien, Erde, Wolken und Sonnenschein. Deshalb ist unsere Praxis nur dann tief und wahrhaft, wenn wir das Ökosystem miteinbeziehen. Wird die Umwelt zerstört, zerstört das auch uns Menschen. Der beste Weg, sich gut um uns Menschen zu kümmern, damit wir wirklich zufrieden leben können, ist der Schutz der Umwelt. Der Schutz des menschlichen Lebens ist nicht möglich, ohne auch das Leben von Tieren, Pflanzen und Mineralien zu schützen – die Felsen, den Boden, die Flüsse und Ozeane.

MANDARINEN-MEDITATION

Wenn wir das nächste Mal eine Mandarine essen, können wir sie in unsere Handfläche legen und tief betrachten. Dazu brauchen wir nicht viel Zeit, nur ein paar Sekunden. Wir sehen einen gut gewachsenen Baum, Blüten, die Sonne, den Regen und kleine, sich entwickelnde Früchte. Wir sehen das Fortdauern von Sonne und Regen und die Transformation der Babyfrucht in die voll entwickelte Mandarine. Wir sehen, wie sich die Farbe von Grün zu Orange ändert und die Mandarine reift und süßer wird. Wir erkennen, dass die Mandarine den ganzen Kosmos in sich trägt. Das Schälen, Riechen und Schmecken der Mandarine kann uns sehr glücklich machen und uns die Süße der Sonne schmecken lassen.

BEWUSST ESSEN

Bevor wir essen, können wir die Gerichte vor uns betrachten, bewusst ein- und ausatmen und reflektieren, ob diese Speisen und Getränke gut für uns sind und sie uns helfen, unser Mitgefühl zu entwickeln. Ist das Essen gesund oder nicht? Bringt es uns Leid oder Glück? Denn unser tiefstes Bestreben ist die Nahrung, die unser Bewusstsein und unser Leben nährt. Wir müssen tief schauen, um zu sehen, wie wir unsere Nahrung anbauen, damit wir uns auf eine Weise ernähren können, die unser kollektives Wohlbefinden bewahrt, unser Leiden und das Leiden anderer Arten minimiert und die Erde für uns alle weiterhin eine Quelle des Lebens sein lässt.

WAHRHAFTIG SEHEN

Die Praxis des tiefen Schauens hilft uns und den Menschen um uns herum, zu der Tatsache zu erwachen, dass wir einen wunderschönen Planeten haben, der unseres Schutzes bedarf. Deshalb ist Erleuchtung, Erwachen, sehr wichtig. Wenn wir in unserem täglichen Leben achtsam leben, achtsam gehen, voller Liebe und Fürsorge sind, dann schaffen wir ein Wunder und verwandeln die Welt in einen wunderbaren Ort. Jeder und jede von uns hat den Samen des Erwachens in sich, deshalb sind wir hoffnungsvoll. Alles, was wir tun, sollte darauf ausgerichtet sein, ein kollektives Erwachen zu bewirken.

ÜBUNGEN ZUM ANKOMMEN

1. DAS NÄHRENDE DER MEDITATION

Die grundlegende Meditationsübung ist das bewusste Atmen. Es ist die Brücke zwischen Körper und Geist. Indem wir uns auf unsere Atmung konzentrieren, bringen wir unseren Geist zurück zu unserem Körper, und wir werden wirklich gegenwärtig, wirklich lebendig. Die Übung der Achtsamkeit auf den Atem bringt Ruhe und Frieden für Körper und Geist. Wenn Körper und Geist ruhig sind, können wir klarer sehen. Wir können mit den Wundern in und um uns herum in Berührung sein und uns von der Freude an der Meditation nähren lassen.

2. SITZMEDITATION

Finden Sie einen ruhigen Platz, um bequem auf einem Kissen oder Stuhl zu sitzen, mit aufrechtem, aber nicht steifem Rücken. Bringen Sie Ihr Gewahrsein zu Ihrem Körper. Ein sanftes Lächeln kann helfen, die Muskeln im Gesicht, den Schultern und im ganzen Körper zu entspannen. Wenden Sie sich nun Ihrer Atmung zu. Spüren Sie, wie sich Ihr Bauch bei jedem Ein- und Ausatmen sanft hebt und senkt. Wenn Sie abschweifen, bringen Sie Ihren Geist sanft wieder zur Atmung zurück. Sie können mit den folgenden geführten Meditationen üben – die erste Zeile begleitet Ihr Einatmen und die zweite Ihr Ausatmen.

Beim Einatmen weiß ich, dass ich einatme.
Beim Ausatmen weiß ich, dass ich ausatme.

Beim Einatmen folge ich meinem Einatmen von Anfang bis Ende.
Beim Ausatmen folge ich meinem Ausatmen von Anfang bis Ende.

Beim Einatmen wird mein Atem tiefer.
Beim Ausatmen verlangsamt sich mein Atem.

Beim Einatmen entspanne ich meinen ganzen Körper.
Beim Ausatmen lächle ich jede Zelle meines Körpers an.

3. SPANNUNGEN LÖSEN

Wir können klarer sehen und handeln, wenn wir wissen, wie wir die Spannungen und Schmerzen in unserem Körper auflösen können. Durch achtsames Atmen werden Körper und Geist eins, wir sind im Hier und Jetzt verankert und können so schwierige Lebenssituationen leichter bewältigen. Achtsames Atmen bringt uns Zufriedenheit und Wohlbefinden. Bei einem Atemzug können wir die Spannungen in uns erkennen und lösen.

Beim Einatmen bin ich mir meines ganzen Körpers bewusst.
Beim Ausatmen löse ich alle Spannungen in meinem Körper.

Beim Einatmen bin ich mir meines Geistes bewusst.
Beim Ausatmen beruhige ich meinen Geist.

4. DEN GEIST BERUHIGEN

Wenn unser Geist mit starken Emotionen konfrontiert wird, sind wir nicht mehr klar und friedlich, und unsere Wahrnehmungen sind verzerrt. Wenn unser Geist ruhig ist wie ein friedlicher See, spiegeln wir die Dinge so, wie sie sind.

Einatmend weiß ich, dass ich einatme.
Ausatmend weiß ich, dass ich ausatme.

Einatmend beruhige ich meinen Körper.
Ausatmend beruhige ich meinen Geist.

Einatmend sehe ich mich als stilles Wasser.
Ausatmend spiegle ich die Dinge so, wie sie sind.

5. ACHTSAMKEIT IM TÄGLICHEN LEBEN

Achtsamkeit ist ein wichtiger Faktor für unsere Transformation und Heilung. Achtsamkeit ist immer Achtsamkeit auf etwas. Wir können auf unseren Atem, unsere Schritte, unsere Gedanken und unser Handeln achtsam sein. Achtsamkeit erfordert, dass wir unsere ganze Aufmerksamkeit auf das richten, was wir tun, ob wir gehen oder atmen, unsere Zähne putzen oder eine Kleinigkeit essen. Wenn wir uns auf unseren Atem und unsere Schritte konzentrieren, können wir die Schönheit der Erde um uns herum deutlicher wahrnehmen. Wir können jeden Atemzug und jeden Schritt mit Bewusstheit und Dankbarkeit vollziehen.

6. GEHMEDITATION

Entspanntes und friedliches Gehen heilt Körper und Geist. Wenn du gehst, sei dir deines Gehens bewusst. Denke nicht darüber nach, irgendwo anzukommen. Setze deinen Fuß bewusst auf. Wenn du gereizt oder ärgerlich bist, erkenne es und sage: »Hallo, mein Ärger, ich weiß, dass du da bist.« Sage »Hallo« und »Auf Wiedersehen« und kehre mit deiner Aufmerksamkeit zu deinen Schritten zurück. Mehrmals am Tag gehen wir von einem Raum in einen anderen, vom Auto ins Büro oder von der Bushaltestelle nach Hause. Jedes Mal ist das eine Gelegenheit, achtsam zu gehen, innezuhalten, zu entspannen und friedvoll zu sein. Jeder Schritt kann nähren, heilen und Einsicht bringen.

7. MIT DEN AUGEN DES MITGEFÜHLS SEHEN

Andere mit den Augen des Mitgefühls anzuschauen, ist eine wunderbare Praxis. Wir leiden dann nicht mehr, und auch die anderen fühlen sich besser. Jeden Tag können wir aufs Neue unsere 24 brandneuen Stunden feiern und geloben, alle Wesen mit den Augen des Mitgefühls zu betrachten.

> Ich wache auf und lächle.
> Vierundzwanzig neue Stunden liegen vor mir.
> Ich gelobe, jeden Augenblick ganz bewusst zu leben
> und alle Wesen mit den Augen des Mitgefühls zu betrachten.

8. DIE WAHRHEIT IST IM LEBEN SELBST ZU FINDEN

In unserer Gemeinschaft leben wir nach einer Reihe von Achtsamkeitsübungen, die uns helfen, zufrieden und in Harmonie mit uns selbst, miteinander und mit dem Planeten zu leben. Wir lesen sie regelmäßig, um unser Verständnis zu vertiefen. Es sind keine Regeln oder Gebote, sondern Einsichten, die aus der direkten Beobachtung des Leidens und seiner Ursachen entstanden sind. Die ersten drei betreffen den Geist und unsere Sichtweise. Sie stehen am Anfang, weil unser Geist die Wurzel von allem anderen ist: von unseren Gedanken, Wahrnehmungen, Worten und Handlungen. Sie sind die ersten drei Übungen der Vierzehn Achtsamkeitsübungen des Intersein-Ordens.

Offenheit

Im Bewusstsein des Leidens, das durch Fanatismus und Intoleranz entsteht, sind wir entschlossen, Lehrmeinungen, Theorien oder Ideologien, einschließlich der buddhistischen, nicht zu verherrlichen und uns nicht an sie zu binden. Wir sind entschlossen, buddhistische Lehren als Orientierungshilfen zu sehen, um Verstehen und Mitgefühl zu entwickeln. Sie sind keine Dogmen, für die gekämpft, getötet oder gestorben werden sollte. Wir verstehen, dass Fanatismus in seinen vielen Ausprägungen das Ergebnis einer dualistischen, diskriminierenden Sichtweise ist. Wir werden uns darin üben, alles mit Offenheit und der Einsicht des Interseins zu betrachten, um Dogmatismus und Gewalt in uns selbst und in der Welt zu transformieren.

Nicht-Haften an Ansichten

Im Bewusstsein des Leidens, das durch das Festhalten an Ansichten und falschen Wahrnehmungen entsteht, sind wir entschlossen, Engstirnigkeit zu vermeiden und uns nicht an unsere gegenwärtigen Ansichten zu binden. Wir sind entschlossen, das Nicht-Festhalten an Ansichten zu lernen und zu praktizieren sowie offen für die Erfahrungen und Einsichten anderer zu sein, um von der kollektiven Weisheit zu profitieren. Wir sind uns bewusst, dass unser derzeitiges Wissen keine unveränderliche, absolute Wahrheit ist. Einsicht zeigt sich in der Praxis mitfühlenden Zuhörens, tiefen Schauens und Loslassens von Vorstellungen und nicht in der Anhäufung intellektuellen Wissens. Die Wahrheit ist im Leben selbst zu finden, und wir werden das Leben in uns und um uns herum in jedem Augenblick achtsam wahrnehmen und sind bereit, ein Leben lang zu lernen.

Freiheit des Denkens

Im Bewusstsein des Leidens, das entsteht, wenn wir anderen unsere Meinung aufzwingen, sind wir entschlossen, niemanden – auch nicht unsere Kinder – in irgendeiner Weise zu zwingen, unsere Meinungen anzunehmen, sei es durch Autorität, Drohung, Geld, Propaganda oder Indoktrination. Wir sind entschlossen, das Recht anderer zu respektieren, anders zu sein und selbst zu wählen, woran sie glauben und wofür sie sich entscheiden. Jedoch werden wir lernen, anderen durch liebevolles Sprechen und im mitfühlenden Dialog dabei zu helfen, Fanatismus und Engstirnigkeit loszulassen und zu transformieren.

BÜCHER ZUM WEITERLESEN

Thich Nhat Hanh: Mit dem Herzen verstehen, München 2010.

Thich Nhat Hanh: Nenne mich bei meinen wahren Namen, München 2010.

Thich Nhat Hanh: Versöhnung mit dem inneren Kind: Von der heilenden Kraft der Achtsamkeit, München 2011.

Thich Nhat Hanh: Achtsam arbeiten, achtsam leben: Der buddhistische Weg zu einem erfüllten Tag, München 2013.

Thich Nhat Hanh: Achtsam sprechen, achtsam zuhören: Die Kunst der bewussten Kommunikation, München 2014.

Thich Nhat Hanh: Gut sein und was der Einzelne für die Welt tun kann, München 2014.

Thich Nhat Hanh: Achtsamkeit Surviva- kit. : Fünf grundlegende Übungen, München 2015.

Thich Nhat Hanh: Das Wunder im Jetzt, München 2017.

Thich Nhat Hanh: Mein Leben ist meine Lehre, München 2017.

PRAXISZENTREN

Die Kunst des achtsamen Lebens in der Tradition von Thich Nhat Hanh wird weltweit in Praxiszentren gelehrt. Informationen dazu finden Sie unter:

Plum Village
13 Martineau
F-33580 Dieulivol
www.plumvillage.org

Workshops und Retreats in deutscher Sprache finden Sie unter:

EIAB
Europäisches Institut für Angewandten Buddhismus
Schaumburgweg 3
51545 Waldbröl
www.eiab.eu

Intersein
Zentrum für Achtsamkeit und Meditation
Unterkashof 50
94545 Hohenau
www.intersein-zentrum.de

Infos unter: www.intersein.de

Thich Nhat Hanh (1926–2022) war Zen-Meister, Friedensaktivist, Dichter und Vertreter eines engagierten Buddhismus. Er genoss weltweit hohes Ansehen, 1967 schlug Martin Luther King jr. ihn für den Friedensnobelpreis vor. Mehr als siebzig Jahre lang lehrte Thich Nhat Hanh Achtsamkeit und inspirierte Millionen von Menschen durch seine Präsenz. Sein unermüdliches Eintreten für Frieden und soziale Gerechtigkeit machte ihn weit über buddhistische Kreise hinaus bekannt. Seine Fähigkeit, den Buddhismus und vor allem Achtsamkeit für die Menschen im Westen relevant zu machen, war einzigartig. In Frankreich gründete er 1982 das bekannte Kloster Plum Village in der Nähe von Bordeaux, weitere Klöster in den USA, in Thailand und Deutschland folgten sowie über tausend Praxiszentren weltweit.

www.eiab.eu
www.plumvillage.org

O.W. BARTH